AF268097

COMPAGNIE UNIVERSELLE

DU

CANAL MARITIME DE SUEZ

PROCÈS-VERBAL

DES SÉANCES

TENUES PAR LA COMMISSION DE NAVIGATION

PARIS

IMPRIMERIE CENTRALE DES CHEMINS DE FER

A. CHAIX ET Cⁱᵉ

RUE BERGÈRE, 20, PRÈS DU BOULEVARD MONTMARTRE

1868

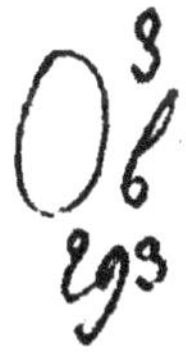

COMPAGNIE UNIVERSELLE

DU

CANAL MARITIME DE SUEZ

COMMISSION

CHARGÉE

d'examiner les conditions de l'exploitation du Canal.

L'exploitation du canal maritime de Suez, envisagée au double point de vue de l'intérêt de la navigation commerciale et de celui de la Compagnie, donne lieu à des questions importantes qui ont été étudiées simultanément par les ingénieurs de la construction du canal et par le chef du service du transit et des transports.

Avant d'arrêter sur ces travaux les bases d'un projet définitif d'organisation, M. le Président-Directeur de la Compagnie a demandé, sur un certain nombre de questions, l'avis d'une commission spéciale ainsi composée :

MM. DUPUY DE LÔME, conseiller d'État, directeur du matériel au ministère de la marine.

Jaurès, vice-amiral.

Le vicomte Excelmans, contre-amiral, administrateur de la Compagnie.

Le comte DE FRANCE, ancien capitaine de frégate, administrateur de la Compagnie.

RUMEAU, inspecteur général des ponts et chaussées, membre de la Commission consultative des travaux.

LEBASTEUR, inspecteur général des ponts et chaussées, *idem*.

DE FOURCY, ingénieur en chef des ponts et chaussées, *idem*.

CHEVALIER, ingénieur en chef des ponts et chaussées, *idem*.

PASCAL, ingénieur en chef des ponts et chaussées, *idem*.

HANET-CLÉRY, ingénieur des mines, *idem*.

DE COMBARIEU, officier supérieur de la marine impériale, *idem*.

SOLLIER, ingénieur des constructions navales, membre du Conseil des travaux de la marine.

VÉSINIER, ingénieur des constructions navales, directeur des ateliers des Messageries Impériales.

DESFAUXDAIS, officier de marine, commandant des paquebots des Messageries Impériales.

VOISIN-BEY, ingénieur en chef des ponts et chaussées, directeur général des travaux de la Compagnie du canal de Suez.

A. LAVALLEY, ingénieur, entrepreneur des travaux du canal.

BOREL, ingénieur, entrepreneur des travaux du canal.

GUICHARD, chef de service du transit et des transports de la Compagnie en Égypte.

LAROCHE, ingénieur des ponts et chaussées, chef de la division de Port-Saïd.

LAROUSSE, ingénieur hydrographe, chef de la division de Suez.

GIOIA, ingénieur, chef de la division d'El-Guisr.

CADIAT, ingénieur des constructions navales, chef du service des travaux de la Compagnie à Paris.

BUQUET, agent technique au service du transit.

Cette Commission s'est réunie les 16, 20 et 23 octobre et le 14 novembre 1868, et elle a successivement donné son avis sur les différentes questions soumises à son examen.

Dans l'intervalle de ces réunions, la Commission consultative des travaux, composée de MM. Rumeau, Lebasteur, Chevalier, de Fourey, Pascal, de Combarieu, Hanet-Cléry, et aidée dans quelques-unes de ses séances de la collaboration de MM. l'amiral Jaurès, le commandant Desfaudais, Lavalley, des ingénieurs de la Compagnie et du chef de service du transit et des transports, a procédé à des études préparatoires qui ont servi de base aux délibérations générales. Elle a consacré à ces travaux deux séances, le 19 octobre et une le 23 octobre.

Ont en outre assisté aux séances générales :

MM. FERDINAND DE LESSEPS, président-directeur.
Le duc D'ALBUFÉRA, vice-président du conseil d'administration.
Le comte DE LESSEPS, membre du comité de direction.
Le baron DE LESSEPS,   Idem.
Le vicomte TIRLET,   Idem.
DELAMALLE, administrateur, membre adjoint du comité.
P. MERRUAU, secrétaire général de la Compagnie.
MARIUS FONTANE, chef du bureau de l'exploitation, à Paris.
CH. DE LESSEPS, secrétaire du président-directeur.

PROCÈS-VERBAL

DES

Séances tenues par la Commission de navigation.

M. le président-directeur lit un exposé de la question où il définit ainsi le but à atteindre dans l'organisation de l'exploitation :

« Rendre la traversée du canal la plus rapide et la
» plus facile possible pour tous les navires, dans la
» mesure de la conservation des travaux exécutés et
» dans les conditions les plus économiques pour la
» Compagnie. »

Il fait connaître que les navires à vapeur, devant traverser le canal à l'aide de leur propre propulseur, il ne peut être question de traction que pour les voiliers ; que, sans exclure pour l'avenir tout autre mode de traction de cette sorte de bateaux, la Compagnie s'est arrêtée, quant à présent, au système par remorquage, pour lequel elle n'aura qu'à approprier le matériel de porteurs et de remorqueurs dont les entrepreneurs se servent actuellement et qui, à la fin des travaux, deviendra sa propriété.

M. le président rappelle quels sont les profils en travers du canal dans ses différentes sections; puis il passe en revue les questions suivantes :

« Mouvement maritime entre les deux mers : vitesse de la traversée du canal, mode de remorquage, croisements, nombre des garages, influence des marées, pilotage, éclairage et balisage, détermination du tonnage en vue de la perception des droits de navigation. »

Et il conclut, en soumettant à la Commission les questions suivantes :

1° Quelle vitesse minimum doivent atteindre les navires pour pouvoir gouverner dans les diverses sections du canal, en tenant compte de leur nature et de leurs dimensions :

    a. — En temps calme?
    b. — Avec vent bon frais, soufflant par le travers?

2° Quelle vitesse maximum pourront atteindre ces mêmes navires, sans menacer sérieusement les travaux exécutés dans les diverses sections du canal :

    a. — En temps calme?
    b. — Avec vent bon frais, soufflant par le travers?

3° Combien de voiliers pourront-ils être remorqués en un seul train, en tenant compte des diverses natures de bâtiments? et quel mode de remorquage assure la plus grande sécurité? savoir :

    a. — L'accouplement au remorqueur?
    b. — L'accouplement des voiliers entre eux?
    c. — Le remorquage en chapelet?
    d. — Ou bien le remorquage en éventail?

4° Sur quels points du canal convient-il d'étudier la création de garages destinés à faciliter les croisements à mesure que le transit se développera?

5° a. — Quelle sera l'influence des marées de Suez sur la navigation dans la partie du canal qui relie le port aux lacs Amers?

b. — Cette influence doit-elle astreindre la Compagnie à y subordonner ses opérations de transit des voiliers, en divisant le temps par périodes de vingt-cinq heures au lieu de vingt-quatre?

6° L'obligation de recevoir un pilote à bord doit-elle s'étendre aux navires d'un jaugeage inférieur à 30 tonneaux?

7° Y a-t-il lieu d'éclairer et de baliser le canal dans toutes ses parties?

Et quel mode convient-il d'adopter dans les parties à éclairer et à baliser? soit :

a. — Dans les portions du canal proprement dit?
b. — Dans le lac Timsah?
c. — Dans les grands lacs Amers?
d. — Dans les petits lacs Amers?
e. — Dans les ports?

8° Quel tonneau type convient-il d'adopter comme base de la perception des droits?

9° Quel rapport existe-t-il entre le tonneau type choisi et les tonneaux officiels des diverses nations?

PREMIÈRE QUESTION.

Quelle vitesse minimum doit atteindre un navire pour pouvoir gouverner dans les diverses sections du canal, en tenant compte de leurs dimensions :

a. — *En temps calme ?*

b. — *Avec vent bon frais, soufflant par le travers ?*

Une vitesse effective de 5^k,500 à l'heure (3 nœuds) est considérée par tous les marins comme suffisante pour gouverner. Mais il est fait remarquer qu'il y aurait des inconvénients sérieux à vouloir faire marcher tous les navires à vapeur à une vitesse aussi restreinte et qu'en raison de leurs conditions d'établissement, certaines machines marines ne peuvent régulièrement fonctionner qu'en faisant un nombre de tours correspondant à une vitesse de marche de 5 à 6 nœuds en mer.

Cette observation n'étant pas contestée, plusieurs membres se demandent à quelle vitesse de marche dans le canal correspond une pareille vitesse de machine ?

Divers membres pensent qu'à raison de la grande résistance que la marche des navires rencontrera dans le canal, la vitesse y sera moindre qu'en mer de un quart ou un tiers : ils citent à l'appui de cette opinion, des observations faites soit dans le canal d'Arles à Bouc, soit dans le canal d'eau douce, entre Ismaïlia et Suez. Le bon fonctionnement des machines conduirait ainsi à une vitesse effective d'environ 4 nœuds dans le canal et ce minimum devrait être substitué à celui des 3 nœuds indiqué plus haut.

D'autres membres, sans contester l'exactitude de ces observations dans les conditions où elles ont été faites, ne croient pas qu'il y ait lieu d'en tirer une conclusion absolue pour le canal maritime. Se bornant d'ailleurs à cette observation générale, ils ne proposent aucune modification au chiffre ci-dessus.

Enfin, en ce qui concerne la distinction à établir entre la vitesse en temps calme et celle avec vent bon frais, soufflant par le travers, on n'a pas pensé que l'influence du vent fût assez sensible pour qu'il y eût lieu de s'en préoccuper, dans la fixation du minimum de vitesse.

La Commission a émis l'avis suivant :

Une vitesse effective de 3 nœuds, c'est-à-dire de 5k, 500 à l'heure est suffisante pour permettre à un navire de gouverner dans le canal, soit en temps calme, soit avec vent bon frais, soufflant par le travers ; mais certaines machines marines ne pouvant fonctionner régulièrement qu'à la condition d'imprimer aux navires une plus grande vitesse de marche, il y a lieu de fixer approximativement à 7 kilomètres (environ 4 nœuds) le minimum de cette vitesse dans la traversée du canal.

DEUXIÈME QUESTION.

Quelle vitesse maximum pourront atteindre ces mêmes navires, sans menacer sérieusement les travaux exécutés dans les diverses sections du canal :

a. — En temps calme ?

b. — Avec vent bon frais, soufflant par le travers ?

M. le directeur général des travaux indique qu'au point de vue de la conservation des berges, et réserve faite de la continuation des enrochements déjà commencés dans la traversée du lac Menzaleh, les vitesses maximum de marche lui paraissent devoir être comprises dans les limites suivantes :

7 kilomètres à l'heure dans les seuils (section, 304$^{m.q.}$ — Développement, 31$^{k.}$).

8 kilomètres à l'heure dans les parties à grande largeur (section, 375$^{m.q.}$ — Développement, 95$^{k.}$).

10 à 12 kilomètres à l'heure au passage des grands et petits lacs Amers (Développement, 36$^{k.}$).

M. le chef du transit propose la vitesse de 8 kilomètres dans les seuils, celle de 10 kilomètres dans les parties à large section : il ne croit pas qu'il y ait lieu de la déterminer pour les lacs.

Tous les membres de la Commission sont d'accord pour laisser indéterminée la vitesse dans la traversée des lacs Amers, comme le propose M. le chef du transit.

Quant aux vitesses maximum de marche dans le reste du parcours, il est difficile, disent quelques membres, de pouvoir les fixer d'une manière qui ne laisse pas prise à la discussion, en l'absence d'observations directement faites sur le canal. Que si on se rapporte aux canaux établis dans des conditions à peu près semblables, on constate que dans ceux de Hollande il est interdit aux grands bateaux d'aller au-delà d'une vitesse de 7 kilomètres 1/2 à 9 kilomètres à l'heure, et ce, *bien que les digues soient protégées.* Du reste, dans la

traversée des seuils, il convient d'éviter toute exagéra-
tion de vitesse, l'érosion des berges pouvant amener
des éboulements sur une grande hauteur. Cette considération est d'une importance extrême et commande la
plus grande prudence.

En réponse à ces observations, un membre fait remarquer, que si, en effet, au passage des seuils, la
marche doit être calculée avec circonspection, on peut
aller sans inconvénient à une vitesse de 10 à 12 kilomètres dans les parties à grande largeur, où la cunette
est très-évasée. L'agitation de l'eau, dit-il, n'est susceptible de produire sur les talus qu'une très-faible pertur-
bation. Les canots de l'entreprise ont navigué à ces vitesses au milieu de chenaux très-étroits, sans endom-
mager les berges. On est donc amené à croire que les
grands navires à vapeur n'auront pas une action plus
nuisible en passant dans la grande section définitive.
D'une part, en effet, les rapports entre les sections
mouillées et les maîtres-couples se présentent dans les
deux cas, à peu près dans les mêmes conditions. D'autre
part, les formes des bateaux rapides sont plus avan-
tageuses pour l'écoulement latéral de l'eau déplacée à
l'avant.

On cite à l'appui de cette opinion, la bonne tenue
des talus argileux qui ont pu conserver sans altération,
pendant plusieurs jours, de légers signes qui avaient
été tracés sur leur surface, dans la zone même du ba-
tillage.

Un membre, devant ces appréciations, dont la ten-
dance est opposée, se demande si, avant de prendre
une décision qui ne saurait dans aucun cas s'appuyer

sur des faits précis et hors de contestation, il ne conviendrait pas d'examiner quelles seraient sur l'organisation générale de l'exploitation les conséquences de l'adoption des différentes vitesses indiquées.

Il ne lui semble pas douteux qu'un accroissement dans les vitesses ne soit une cause de plus grande détérioration des berges; mais, à ses yeux, on ne saurait, dans certaines limites, s'arrêter devant cette considération, si les besoins de service exigent une grande vitesse. Inversement, les vitesses réduites seraient préférables, si elles permettaient, à tous les points de vue, un service convenable, qui ne fût point trop inférieur à celui qu'assurent les grandes vitesses.

Il convient donc d'examiner à quelles conditions essentielles doit satisfaire le service et d'y approprier autant que possible les combinaisons de marche.

La nécessité d'une expédition immédiate des navires à vapeur postaux, dès leur arrivée à Port-Saïd ou à Suez, autant que possible sans attente ni retard, est reconnue par tous les membres de la commission.

D'un autre côté, on établit que la durée de la traversée ne doit pas dépasser sensiblement 20 heures, si on veut assurer au canal la préférence sur le chemin de fer, en ce qui concerne le transit à grande vitesse.

Quant aux vapeurs ordinaires et aux voiliers, ils devraient être organisés en trains réguliers, d'une rapidité comparable à celle des express pour les premiers, d'une marche plus lente pour les seconds.

Diverses combinaisons sont présentées pour satisfaire à ce programme.

Les deux qui ont été principalement examinées prévoient l'établissement de 5 garages : elles admettent les mêmes vitesses, de 7 kilomètres dans les seuils, de 12 dans les lacs Amers ; mais dans la traversée des grandes sections, l'une suppose une vitesse de 9 kilomètres, l'autre de 10.

La durée du trajet le plus rapide est, dans un des cas, de 22 heures, dans l'autre de 21 : les deux itinéraires présentent d'ailleurs un arrêt à Timsah, qu'il semble possible de faire disparaître au besoin.

Plusieurs membres expriment l'opinion qu'au point de vue d'une bonne organisation du transit, il est indispensable, quelles que soient les combinaisons adoptées, de constituer un service télégraphique et sémaphorique complet, qui permette de connaître et de faire connaître sur les points intéressés les accidents et incidents susceptibles d'influer sur le mouvement, et qui donne les moyens de prendre et de faire exécuter aussitôt toutes mesures nécessitées par les circonstances.

Dans ces conditions, la Commission est d'avis :

Que la vitesse de marche des navires dans les seuils ne doit pas dépasser 7 kilomètres à l'heure ;

Que dans les sections à grande longueur, il est possible que les berges soient endommagées par des vitesses supérieures à 8 kilomètres à l'heure, bien qu'il soit permis d'espérer que l'expérience viendra démontrer que des vitesses plus grandes peuvent être atteintes sans inconvénient sérieux pour la conservation du canal ; que c'est donc à cette vitesse de 8 kilomètres qu'il convient de s'arrêter provisoirement ; mais que, toutefois, en raison de l'intérêt qui s'attache à la rapidité du

passage des navires à vapeur postaux, il y a lieu dès
à présent d'autoriser en faveur de ces navires une vitesse de 10 kilomètres, qui, moyennant l'établissement
d'un nombre suffisant de gares et l'organisation d'un
service télégraphique et sémaphorique convenables, leur
permettra d'effectuer régulièrement la traversée, sans
arrêt, en moins de 20 heures ;

Que la marche à travers les lacs Amers ne paraît
pas avoir besoin de réglementation.

Enfin, en ce qui concerne la distinction que le ques-
tionnaire a établie, suivant que le temps est calme ou
que le vent est bon frais, soufflant par le travers, la
Commission ne croit pas que, dans ces conditions de
marche et au point de vue de la limitation de la vitesse, il y ait à en tenir compte.

TROISIÈME QUESTION.

*Combien de voiliers pourront-ils être remorqués en un
seul train, en tenant compte des diverses natures de bâtiments? et quel mode de remorquage assure la plus grande
sécurité? savoir :*

a. — *L'accouplement au remorqueur?*
b. — *L'accouplement des voiliers entre eux?*
c. — *Le remorquage en chapelet?*
d. — *Ou bien le remorquage en éventail?*

La Commission ne croit pas devoir entrer dans l'examen des mesures de détail que comporte cette ques-

tion. Il lui semble préférable de laisser à la pratique le soin d'en donner la solution, que la Compagnie n'a d'ailleurs aucun intérêt à poursuivre immédiatement.

QUATRIÉME QUESTION.

Sur quels points du canal convient-il d'étudier la création de garages destinés à faciliter les croisements à mesure que le transit se développera?

D'après les indications de M. le Président-directeur, la Compagnie, dans le but de prévenir les accidents qui pourraient résulter d'une collision, se propose d'interdire les croisements en plein canal, au moins pendant les premiers temps de l'exploitation.

Dans cet ordre d'idées, pour permettre la marche simultanée des navires dans les deux sens, pour ne pas créer des sujétions inutiles, ni imposer des attentes trop prolongées, des gares d'évitement doivent être établies.

Les premières études qui avaient été faites se bornaient à trois garages placés : le premier, à Kantara, qui existe déjà; le second, dans le lac Timsah, où un élargissement est, dans tous les cas, nécessaire pour la manœuvre des navires qui se rendront au port d'Ismaïlia; le troisième, dans les lacs Amers.

Un service organisé dans ces conditions ne permet pas une vitesse suffisante pour la traversée des trains rapides; l'intercalation des express irréguliers y est difficile.

3

Aussi a-t-on proposé d'élever ce nombre à cinq, en ajoutant aux trois gares précédentes deux autres garages placés : le premier, entre Port-Saïd et Kantara; le second, à l'origine des petits lacs du côté de Suez.

Dans ce système, on peut établir des services réguliers comportant jusqu'à deux trains rapides par jour et un train lent, et donner ainsi le passage à 12 vapeurs et à 11 voiliers, dans des conditions de vitesse assez satisfaisantes, au moins pour les premiers (21 à 22 heures pour ceux-ci, et de 36 à 55 heures pour les autres).

Toutefois, cette organisation, qui correspond à un mouvement journalier de 12,000 à 15,000 tonneaux, ne paraît pas laisser une part suffisante à l'imprévu et aux accidents inévitables de marche : quelques membres ont donc cru devoir réclamer un plus grand nombre de garages; un en demande neuf, un autre en voudrait treize, qui seraient espacés à des intervalles à peu près égaux de 11 à 12 kilomètres.

Il fait remarquer que comme il en existe déjà trois, ou terminés ou dans lesquels il n'y a que peu de travaux à faire (un à Kantara, deux dans les lacs Amers), que celui de Timsah figure dans toutes les combinaisons, l'adoption de sa proposition n'entraîne, à proprement parler, que neuf nouvelles gares. Chacune d'elles aurait un développement de 500 mètres, une largeur de 10 mètres; dans ces conditions, le total de la dépense supplémentaire qu'occasionnerait leur établissement ne dépasserait pas 500,000 francs.

Il paraît évident à la Commission que plus le nombre des garages sera grand, plus le service présentera d'élasticité, et mieux il se prêtera à toutes les éventualités qui peuvent se présenter. Le passage des express pourra être surtout facilité sans être une cause de trop grand retard pour les autres navires. Ces avantages paraissent de nature à faire prévaloir le dernier système proposé, malgré le sacrifice qu'il impose à la Compagnie.

Quelques membres regrettent que le croisement en plein canal soit interdit d'une manière absolue. La section du canal a été arrêtée en vue d'un service à deux voies : elle est trop grande pour ne servir qu'à une seule voie.

Les petits navires peuvent évidemment se croiser et se dépasser sans danger. Il semble que, moyennant quelques précautions, il pourrait en être de même pour les grands. On obligerait, par exemple, l'un à s'arrêter et à se coller le plus près possible de la berge ; l'autre ne ferait que ralentir sa vitesse : leur largeur ne dépassant pas 12 mètres, il semble difficile que le dernier ne gouverne pas assez bien pour passer dans l'espace qui reste disponible.

Ils citent, à l'appui de leur opinion, que les navires de toutes dimensions ont la faculté de se croiser et de se dépasser dans les canaux de Hollande, qui n'ont qu'une largeur de 10 mètres au plafond, et sur le canal Calédonien, dont la largeur au plafond est de $11^m,60$.— Sur le Bas-Danube, le croisement n'est interdit que dans les points où le chenal ne présente pas une largeur suffisante.

Ils demanderaient donc que la Compagnie ne renonçât pas d'une manière absolue, même à l'origine de l'exploitation, à la faculté de laisser les navires se croiser et que, dans tous les cas, elle ne se liât pas, par une déclaration publique, à une mesure que l'expérience pourrait amener à supprimer.

Du reste, à défaut d'adoption de leur système, ils approuvent celui qui implique la création du plus grand nombre de garages. Cette solution ne contrarie pas celle qu'ils croient possible : elle constitue un système intermédiaire qui facilitera le passage du système restrictif au système de la liberté des croisements; en outre, elle augmente les garanties de facilité et de sécurité de la traversée.

La Commission, après avoir entendu ces observations, et sans rien préjuger d'ailleurs sur la liberté ultérieure des croisements, considérant que la multiplication du nombre des garages ne peut que favoriser la rapidité et la sécurité du service; qu'avec une dépense relativement faible, il est possible de créer treize lieux de garage échelonnés à peu près également sur tout le développement du canal, est d'avis qu'il y a lieu d'établir treize gares (trois grandes et dix petites), lesquelles seraient placées vers les points kilométriques 11, 22, 33, 44, 55, 65, 78, 88, 99, 116, 125, 135, 146, en subordonnant, d'ailleurs, leur position précise aux circonstances locales et aux convenances du service.

CINQUIÈME QUESTION.

a. — *Quelle sera l'influence des marées de Suez sur la navigation dans la partie du canal qui relie le port aux lacs Amers ?*

*b. — Cette influence doit-elle astreindre la Compagnie
à y subordonner ses opérations de transit des voiliers,
en divisant le temps par périodes de vingt-cinq heures
au lieu de vingt-quatre?*

M. le directeur général expose qu'à défaut d'observations qui manquent complétement, l'influence des
marées sur la navigation ne peut être déterminée avec
exactitude; que les appréciations des ingénieurs sont en
désaccord les unes avec les autres; qu'aux uns, il a
paru que les courants de marée n'atteindraient pas
dans le canal une vitesse susceptible de gêner sérieusement la navigation, tandis que d'autres craignent que
cette vitesse ne puisse devenir telle qu'il y ait lieu
de ne pas laisser les bâtiments naviguer à contre-
courant.

M. le directeur général s'est rangé à cette dernière
opinion et il estime qu'il convient de subordonner la
marche des trains au mouvement des marées, en conséquence, de fixer les départs des points extrêmes à des
intervalles de 25 heures et de combiner la marche des
trains de manière qu'à Suez le départ ait lieu avec
le flot, l'arrivée pendant le jusant, en choisissant de
préférence la période de temps la plus rapprochée de
l'étale.

La Commission a écarté, comme prématurée, toute
discussion sur la vitesse des courants de marée, qui,
en l'absence d'observations directes, ne lui paraît pas
pouvoir être sûrement déterminée à l'avance.

Quant à l'influence de la marée dans le parcours
entre Suez et les lacs Amers, elle ne lui a pas paru

contestable dans une certaine limite : il n'est pas douteux, en effet, que, au point de vue des facilités de la navigation, les bâtiments ne trouvent avantage à profiter des courants et, par suite, soit à entrer à marée montante, soit à sortir à marée descendante.

Toutefois, la Commission n'a point vu dans ce fait une raison suffisante pour subordonner la navigation à des périodes en correspondance avec les marées, et surtout pour prendre dès à présent une décision à ce sujet.

Il lui a semblé, en premier lieu, que toute bonne organisation de service par journée de 24 heures pourrait s'approprier à la journée de 25 et, en outre, que la facilité que donne aux mouvements le grand nombre de garages qu'elle a proposé d'établir permet d'éviter sur ce point toute réglementation à l'avance.

La Commission est en conséquence d'avis qu'il serait prématuré de se prononcer aujourd'hui sur l'influence que les marées de Suez doivent exercer sur la navigation du canal entre Suez et les lacs Amers, et que la solution de cette question doit être ajournée jusqu'à ce que le régime des marées dans cette partie de canal soit connu.

SIXIÈME QUESTION.

L'obligation de recevoir un pilote à bord doit-elle s'étendre aux navires d'un jaugeage inférieur à trente tonneaux ?

M. le Président-directeur a indiqué dans son exposé pages 22 et 23 les motifs qui ont été invoqués soit pour exonérer les navires d'un jaugeage inférieur à trente tonneaux de l'obligation de recevoir un pilote à bord, soit pour les y assujettir, et l'avis qu'il a exprimé est « qu'il conviendrait peut-être de prendre à cet égard la décision la plus libérale. »

La Commission partage entièrement cette manière de voir : il lui a même semblé que la limite fixée à trente tonneaux, était un peu basse et elle s'est demandé s'il ne serait pas possible de la relever et de la porter à cinquante tonneaux, en vue de l'intérêt qu'a la Compagnie au développement du petit cabotage.

D'après les renseignements qui sont donnés, les petits caboteurs grecs, qui entrent actuellement dans le canal pour l'approvisionnement des chantiers, ne jaugent pas moins de trente tonneaux : d'un autre côté, la plus grande différence de tirant d'eau entre des voiliers de trente tonneaux et ceux de cinquante tonneaux ne paraît pas dépasser 0^m,45. — Le relèvement de la limite proposée, tout en s'appropriant mieux aux conditions d'établissement des bateaux qui fréquentent le plus ces régions ne changent donc pas sensiblement les conditions de la navigation dans le canal, à quelque point de vue qu'on se place.

On objecte que c'est la possibilité de se garer au-dessus des risbermes qui doit caractériser les bateaux admissibles au bénéfice de la libre navigation ; que la profondeur d'eau de la risberne étant de 1^m,75, tout bâtiment d'un tirant d'eau supérieur à 1^m,50 environ (soit d'un tonnage au-dessus de vingt-cinq à trente tonneaux) devrait être écarté.

Il est répondu à cette objection que la hauteur d'eau

disponible au-dessus de la risberne ne restera pas ce qu'elle est à présent, en raison des végétations sous-marines qui se formeront, et de l'éboulement inévitable des talus ; que dès lors il y aurait bientôt lieu de revenir sur la limite actuelle de trente tonneaux et de rejeter une partie notable de navires qu'on propose aujourd'hui d'accepter.

Cette base de limitation doit donc être écartée et il est plus libéral et plus pratique de laisser passer en toute liberté tout bateau qui peut se ranger assez près des rives pour ne jamais être susceptible d'entraver la navigation des grands bateaux dans le chenal proprement dit : les navires de cinquante tonneaux sont dans ce cas, et c'est à ce titre que le privilége de la liberté paraît devoir leur être accordé.

On fait remarquer d'ailleurs que le pilotage n'est pas obligatoire dans les canaux maritimes de Hollande ; qu'il ne l'est dans le Bas-Danube qu'à la descente, sauf dans la passe de Soulina, qu'aucun navire à voile ou à vapeur ne peut franchir sans pilote ; enfin que dans le canal Calédonien, cette charge n'est imposée qu'aux grands navires.

Quelques membres ont demandé que l'admission des navires fût réglée d'après la mesure du tirant d'eau plutôt que par celle du tonnage. Bien que ce mode d'évaluation présentât l'avantage de permettre d'écarter les navires d'un faible tonnage qui auraient un tirant d'eau trop grand, il a paru présenter un inconvénient sérieux, l'éventualité de conflit entre les marins et les agents de la compagnie, éventualité qui n'existe pas dans l'autre système, puisque le tonnage résulte d'une pièce légale qui n'est pas susceptible de discussion.

La proposition a été en conséquence écartée.

En résumé, la Commission serait d'avis de n'astreindre au remorquage et au pilotage que les voiliers d'un jaugeage supérieur à cinquante tonneaux et, quant aux bateaux d'un tonnage inférieur, de leur laisser, sous leur responsabilité, la liberté de naviguer sans être remorqués ni pilotés, sauf à restreindre cette tolérance, si l'expérience venait à en démontrer l'utilité.

SEPTIÈME QUESTION.

Y a-t-il lieu d'éclairer et de baliser le canal dans toutes ses parties?

Et quel mode convient-il d'adopter dans les parties à éclairer et à baliser? soit :

a. — Dans les portions du canal proprement dit?

b. — Dans le lac Timsah?

c. — Dans les grands lacs Amers?

d. — Dans les petits lacs Amers?

e. — Dans les ports?

La Commission examine successivement les mesures à prendre pour la traversée du canal proprement dit, pour celle des lacs, pour l'entrée et la traversée des ports.

Canal proprement dit.

Dans le passage des seuils, où la largeur à la ligne d'eau n'est que de 60 mètres et où le canal est bordé de berges très-élevées, M. le directeur général pense que les navires pourront se diriger dans les alignements droits, sans qu'il soit nécessaire ni de balisage de jour, ni d'éclairage spécial de nuit, et que, dans les courbes, il suffira de placer de simples lanternes aux extrémités.

Dans les parties à grande section, où la largeur à la ligne d'eau est de 100 mètres et où les berges sont trop éloignées de la cunette centrale pour indiquer suffisamment la route à suivre, il propose d'établir, sur chaque rive, à 30 mètres de l'axe, une ligne de balises, hautes de 3 mètres, situées l'une vis-à-vis de l'autre, rouges du côté Afrique, noires rayées de blanc du côté Asie et espacées entre elles de 500 mètres.

De nuit, ces balises seraient, de 2 kilomètres en 2 kilomètres, surmontées de feux de lanterne, d'une couleur également différente suivant la rive.

Dans les courbes, ces balises ne seraient écartées que de 250 mètres, et, pendant la nuit, un feu serait disposé sur chacune d'elles, mais d'un côté seulement, sur la rive convexe.

Les objections présentées contre ce système dans le rapport de M. le Président-directeur sont renouvelées dans la Commission.

Quelques membres trouvent que le balisage de jour, l'éclairage de nuit sont d'une utilité contestable; qu'ils peuvent même être sujets à inconvénient. Les navires, ont-ils dit, n'ont pas besoin de suivre exactement la ligne d'axe du canal : les pilotes s'y reconnaîtront toujours assez pour se maintenir dans l'étendue qui convient au tirant d'eau du navire. Placées dans l'eau à une vingtaine de mètres des berges, les balises pourront être facilement renversées si elles ne sont pas protégées, et, si elles le sont, elles constituent autant d'obstacles à la navigation.

On fait observer également que sous le ciel d'Égypte les nuits sont claires en général; que la multiplicité des feux peut être une cause de confusion et qu'elle rendra leur entretien et leur surveillance difficiles; que leur extinction pourra être une cause d'erreurs et de dangers pour les navigateurs. — Il conviendrait donc de supprimer le balisage, et, quant à l'éclairage de nuit, de n'établir qu'une dizaine de feux de direction.

En présence de ces divergences d'opinions, un membre émet l'avis qu'il soit fait, le plus rapidement possible, sur le canal, des expériences qui permettent de se prononcer d'après la pratique des faits.

MM. Borel et Lavalley annoncent que, prochainement, ils seront à même de livrer une partie de canal où il sera possible de faire les expériences demandées, et qu'alors ils mettront volontiers, pour ces essais, un de leurs porteurs à la disposition de la Compagnie.

Prenant acte de cette déclaration, la Commission émet l'avis que des expériences soient faites, à bref délai, pour déterminer si, sans balisage et sans éclairage, il est possible de naviguer dans le canal, soit dans les alignements droits, soit dans les parties courbes et quelle que soit la largeur de la section : dans le cas contraire, quelles sont les conditions dans lesquelles cet éclairage et ce balisage doivent être établis?

Elle ajourne à se prononcer définitivement sur ce

point jusqu'au moment où ces expériences auront été portées à sa connaissance.

LACS.

Grands lacs Amers.

M. le directeur général propose de signaler l'entrée et la sortie du chenal endigué par des feux flottants établis sur chaque rive, à la naissance même des digues sous l'eau.

Pour la navigation dans l'intérieur des lacs, il demande que la direction à suivre soit signalée à l'aide de deux feux par chaque alignement, l'un, placé au sommet d'angle, sur bateau; l'autre, placé à terre, sur le prolongement de l'alignement. Leur portée serait de 9 à 10 kilomètres. Ces appareils serviraient d'amer pendant le jour.

Un membre propose de se contenter d'un seul fanal à terre, sur lequel les navigateurs auront à se diriger en débouchant dans les lacs, jusqu'à ce qu'ils aient aperçu, à l'autre extrémité, les deux amers ou feux de rive vers lesquels ils devront alors s'avancer.

D'autres membres expriment l'opinion que si, dès qu'on entre d'un côté dans les lacs, on pouvait, immédiatement et sans crainte de toucher, se diriger sur les feux ou amers situés de l'autre côté, il ne serait pas besoin d'établir aucun des ouvrages indiqués ci-dessus. Ils demandent à M. le directeur général de vouloir bien faire connaître sur le plan des lacs Amers quelle est la ligne de délimitation de la partie navigable et de celle qui ne l'est pas.

M. le directeur général répond que le pourtour des profondeurs de 8 mètres a été levé sur le terrain et rapporté sur le plan des lacs Amers; que ce plan n'est pas encore entre ses mains, mais qu'il espère pouvoir le présenter à la Commission dans une prochaine séance.

Ce plan est communiqué dans la séance du 14 novembre.

Il résulte de son examen qu'en prolongeant d'un kilomètre environ, au-delà de la naissance des digues submergées, les deux alignements droits par lesquels le canal proprement dit débouche dans les grands lacs et en joignant ces deux points par une ligne droite, cette ligne passe tout entière dans les fonds de 8 mètres et laisse à l'Est une largeur d'au moins 1,500 mètres. Il est donc possible à tout navire d'aller *directement* d'une des entrées du lac sur l'autre, sans risque de toucher, quelle que soit l'influence de la dérive.

M. le directeur général modifie en conséquence ses premières propositions de la manière suivante :

Les feux flottants qui, de chaque côté, devaient marquer la naissance de la partie submergée des digues, seront remplacés par des feux fixes ordinaires sur charpente.

A un kilomètre environ au-delà de ces feux, dans les grands fonds et sur le prolongement de l'axe du canal, il sera établi un feu fixe de quatrième ordre, d'une portée de 15 milles, placé à une hauteur de 13 mètres au moins au-dessus du plan d'eau, sur une tour en fer destinée à servir d'amer pendant le jour.

Ces signaux serviront en même temps de signaux de

direction pour les alignements droits qui, de chaque côté, précèdent l'entrée des lacs.

La Commission adopte les nouvelles propositions de M. le directeur général qui lui paraissent assurer, d'une manière aussi efficace que simple, la traversée des grands lacs.

M. le directeur général fait ensuite connaître le système de balisage et d'éclairage qu'il croit convenable d'établir à chacun des débouchés du canal, soit du côté du Sérapéum, soit du côté des petits lacs, dans les parties où les digues sont submergées.

La Commission, après avoir entendu ces explications et les observations présentées par quelques-uns de ses membres, émet l'avis suivant:

A chacun des deux débouchés du canal, dans les grands lacs, il devra être établi un feu fixe placé sur le prolongement de la ligne d'axe des alignements droits formant lesdits débouchés, à un kilomètre environ de distance de l'extrémité des digues submergées. Ce feu aura une hauteur de 13 mètres au moins, et une portée de 15 milles.

L'extrémité des digues submergées sera elle-même indiquée par deux fanaux ordinaires placés en face l'un de l'autre, et montés sur charpente fixe.

Dans toute l'étendue des digues submergées, la position du chenal sera indiquée par deux lignes de signaux placées à 30 mètres de chaque côté de l'axe, lesdits signaux espacés de 500 mètres dans chaque ligne et consistant en balises ou bouées. De deux en deux kilomètres à partir des feux d'extrémité, les bouées et balises seront remplacées par des fanaux montés sur des systèmes en charpente qui devront être conçus de manière à pouvoir résister suffisamment aux chocs, sans pourtant créer des écueils pour les bâtiments.

Enfin, du côté du Sérapéum, un double feu de direction sera placé sur les bords du canal à une distance de quelques kilomètres en deçà de la naissance des digues submergées.

Petits lacs.

Le chenal est endigué dans toute l'étendue des petits lacs; les digues sont noyées sur la presque totalité de leur longueur.

D'un autre côté, le tracé présente dans cette région deux courbes, dont l'une (celle du Nord) a déjà une largeur de 44 mètres au plafond sur la plus grande partie de son développement, dont l'autre (située au Sud), d'un grand rayon et d'une faible étendue, pourrait être élargie au sommet d'angle, sans grand frais.

La Commission est d'avis :

Pour la partie des alignements droits où il existe des digues submergées, de les éclairer et baliser d'après le système indiqué pour les parties semblables des grands lacs, en complétant les indications par l'installation de feux à terre dans le prolongement des alignements droits.

Sur le dernier alignement du côté de Chalouf, on placera un double feu de direction sur les bords du canal, à une distance de quelques kilomètres de la naissance des digues submergées.

Pour les portions en courbe, de les élargir, de les éclairer et baliser de la manière suivante :

Pour la grande courbe du Nord, d'en continuer l'élargissement à 44 mètres au plafond sur toute son étendue, d'en indiquer les naissances par deux signaux distincts; de disposer, sur la partie concave, des signaux, à une distance les uns des autres, telle que la ligne droite joignant deux signaux successifs laisse, entre elle et l'arête convexe du plafond, un intervalle de 22 mètres au moins.

Pour la partie courbe du Sud, d'enlever l'onglet extérieur, en commençant l'élargissement aux points mêmes de tangence; d'indiquer les naissances de la même manière que dans la grande courbe, et de mettre un feu au sommet d'angle.

Lac Timsah.

Le chenal y est partout endigué. Les digues sont presque partout hors de l'eau dans la partie sud : elle sont entièrement noyées dans la partie nord.

Le canal, d'après le plan mis sous les yeux de la Commission, traverse le lac, à la sortie du seuil d'El-Guisr, par un alignement droit de 1,500 mètres de longueur, suivi d'une longue courbe de 4,000 mètres de rayon.

Quelques membres demandent si, conformément à l'avis que la Commission consultative a exprimé en

différentes circonstances, des alignements droits ne
pourraient pas être substitués à cette courbe.

M. le directeur général répond que la gare projetée,
de 1,000 mètres de longueur, occupera précisément
toute la partie de la courbe où les digues sont submergées, en sorte que, sur ce point, le canal aura dès à
présent une largeur de 44 mètres au plafond, destinée
à être augmentée plus tard au fur et à mesure du développement du transit.

Il ajoute qu'une communication sera ouverte entre le
canal et le lac Timsah à chacune des deux extrémités
nord et sud du garage, de manière à permettre à la
majeure partie des navires de mouiller dans le lac, qui
présente à proximité une vaste superficie d'une profondeur d'eau de 6 mètres.

Il paraît à plusieurs membres que la largeur de
44 mètres est insuffisante, en raison et de la grande
longueur des bâtiments auxquels restera affecté le garage et des vents qui soufflent dans cette région.

On fait encore observer que, même en donnant aux
passes la grande largeur qu'il paraît nécessaire pour
permettre aux navires d'y entrer ou d'en sortir, la suré-
lévation des fonds qui existe entre ces passes consti-
tuera un écueil qu'il paraîtrait prudent de faire disparaître.

En l'absence de documents qui lui permettent de se
rendre compte et de la portée des observations qui
précèdent et des dépenses supplémentaires à effectuer
pour donner au garage les dimensions que différents
membres paraissent avoir en vue, la Commission, sans

se prononcer définitivement sur les dispositions défi-
nitives à donner à la gare de Timsah, se borne à de-
mander que les parties où les digues sont submergées
soient balisées et éclairées d'après les mêmes principes
que pour les grands et petits lacs.

PORTS.

Port-Saïd.

M. le directeur général propose le système suivant :

« Deux fanaux de port de quatrième ordre placés sur
» le musoir, l'un de la jetée ouest, l'autre de la jetée est ;
» Deux petits feux de lanterne à l'entrée du chenal
» proprement dit, installés, l'un, sur la rive Asie, à
» l'angle ouest du saillant sud de l'avant-port ; l'autre,
» vis-à-vis sur la rive Afrique ;
» Un phare de premier ordre, de 20 milles de portée,
» établi dans les terres à un kilomètre environ de celui
» qui existe actuellement, de manière à former le sommet
» d'angle du chenal d'accès de la rade au port et du
» grand alignement droit, de 50 kilomètres environ
» de longueur, que présente le canal depuis Kantara
» jusqu'à Port-Saïd. »

L'ensemble de ces feux permet à tout navire de se
diriger convenablement, soit pour passer de la rade
dans le chenal d'avant-port et pour bien se maintenir
dans ce chenal malgré l'éloignement des jetées, soit
pour passer de l'avant-port dans le port intérieur et
inversement. Il éclaire enfin, sur le canal, le long alignement droit qui précède Port-Saïd.

Un membre objecte, au sujet de la position du phare, qu'il est trop enfoncé dans les terres : on répond que la diminution de portée du feu en pleine mer ne paraît pas devoir modifier sensiblement les facilités d'atterrissage et que, d'un autre côté, l'emplacement choisi, permettant de satisfaire à deux conditions qui ne peuvent pas être sacrifiées, doit être maintenu.

Un membre demande si la Compagnie se croit en mesure d'avoir établi le phare avant le commencement de l'exploitation. Sur la réponse que la commande n'a pu encore en être faite, il indique comme nécessaire de prévoir l'éventualité où l'appareil ne serait pas établi à temps et par suite d'étudier, dès maintenant, les mesures provisoires à prendre pour assurer le service.

Aucune autre observation n'ayant été présentée, la Commission émet l'avis qu'il y a lieu d'adopter le système d'éclairage proposé par M. le directeur général.— Elle appelle, en même temps, l'attention de la Commission sur l'intérêt que le phare projeté présente pour la navigation, et, dans le cas où cet appareil ne paraîtrait pas pouvoir fonctionner avant l'ouverture de l'exploitation, sur la nécessité de mettre à l'étude les dispositions provisoises à prendre, en attendant son établissement, pour assurer la direction d'entrée dans le chenal.

Suez.

M. le directeur général propose d'établir cinq petits feux : un premier, à la tête de la jetée transversale de l'est ; un second, sur le musoir de la digue ouest, à la pointe sud du terre-plein; un troisième, à l'entrée du bassin de l'Arsenal, côté nord; enfin, les deux derniers, à l'entrée du canal proprement dit, un sur chaque rive.

Aucune observation n'est présentée relativement à ces feux. Mais un membre fait remarquer qu'il y aurait peut-être avantage à compléter cet ensemble par un grand feu de direction établi à terre.

On répond qu'il existe, en rade, un feu flottant établi et entretenu par le gouvernement égyptien; qu'il paraît suffisant pour le moment; qu'il serait cependant possible que l'expérience démontrât l'utilité, dans l'avenir, du sixième feu proposé; mais que, dans cette éventualité, la Compagnie serait toujours à même de l'établir facilement.

La Commission, sous le bénéfice de cette dernière observation, est d'avis qu'il y a lieu, pour le moment de s'en tenir purement et simplement au système proposé par M. le directeur général.

HUITIÈME ET NEUVIÈME QUESTIONS.

Quel tonneau-type convient-il d'adopter comme base de la perception des droits?

Quel rapport existe-t-il entre le tonneau-type choisi et les tonneaux officiels des diverses nations?

Le système indiqué par M. le Président-directeur consisterait à prendre pour tonneau-type le tonneau officiel anglais, qui paraît le plus exactement calculé, et d'établir pour les navires des autres nations un tableau de proportionnalité qui serait rendu public.

M. le directeur général des travaux rappelle que c'est ainsi qu'il a été procédé dans le Bas-Danube : il donne lecture du barème des proportionnalités qui y est appliqué et qui est annexé à la convention internationale relative à la navigation de ce fleuve.

Il ressort de cette pièce que les coefficients sont les mêmes pour les trois grandes puissances maritimes, l'Angleterre, la France et les États-Unis. Le mode de jaugeage de ces puissances est cependant différent.

Il paraît douteux à quelques membres que les coefficients de comparaison adoptés n'aient pas été fixés par des considérations autres que le rapport des tonnages réels.

Un membre fait observer que les coefficients insérés dans l'acte du Bas-Danube peuvent être exacts, mais rapportés à des moyennes entre un grand nombre de navires ; qu'appliqués à un bâtiment déterminé, ils conduisent à des résultats inexacts. Les jaugeages ne sont même pas comparables entre navires d'un même pavillon. C'est ainsi, par exemple, qu'en France, deux navires, de capacité notablement différente, l'un mixte muni d'une petite machine, l'autre exclusivement à vapeur, peuvent avoir la même cote officielle.

Mais cet état de choses, ajoute-t-il, paraît devoir bientôt disparaître. La question de l'unification des jaugeages est soumise à une Commission internationale, et une solution paraît devoir intervenir prochainement.

Ce membre considère que le mieux, pour le moment,

serait d'ajourner toute décision sur la huitième et la neuvième questions posées par M. de Lessops, et il propose qu'en attendant le règlement international à intervenir, la Compagnie s'en tienne purement et simplement, pour la perception des droits, au tonnage établi par les papiers de bord, sans distinction de pavillon.

La Commission adopte cette proposition.

IMPRIMERIE CENTRALE DES CHEMINS DE FER.—A. CHAIX ET Cie, RUE BERGÈRE, 20, A PARIS.— 13784.